D1878393

केदार

केदार उपनाम से साहित्य-सृजन करने वाले केदारनाथ सिंह को राष्ट्रकवि रामधारी सिंह 'दिनकर' के सबसे छोटे सुपुत्र होने का गौरव प्राप्त है। उनका जन्म 13 फरवरी, 1938 को सिमरिया, बेगूसराय (बिहार) में हुआ था। साहित्यिक संस्कार उन्हें विरासत में मिले हैं और अपने जीवन का सर्वाधिक भाग उन्होंने एक साहित्यिक एवं सांस्कृतिक समाज के निर्माण में लगाया है। इसका एक उदाहरण है, राष्ट्रकवि दिनकर का जन्म-स्थान होने के कारण एक सांस्कृतिक तीर्थ का स्वरूप ग्रहण कर चुके सिमरिया में दिनकर जी की स्मृति को समर्पित एक भव्य संग्रहालय और स्मारक का निर्माण। साहित्यिक-सांस्कृतिक उन्नयन के कार्यों और अपनी रचनात्मक अभिरुचियों को मूर्त रूप देने की दिशा में वे आज भी निरन्तर सक्रिय हैं।

उनकी प्रकाशित कृतियाँ हैं—'आँका सूरज, बाँका सूरज', 'थोड़ा-थोड़ा पुन्न, थोड़ा-थोड़ा पाप' (कविता-संग्रह); 'सिमरिया-स्तवन' (काव्य-संस्मरण) और 'आँखों में नाचते दिन' (राष्ट्रकवि दिनकर : अन्तरंग संस्मरण)।

थोड़ा-थोड़ा पुन्न थोड़ा-थोड़ा पाप

केदार

राधाकृष्ण पेपरबैक्स

राधाकृष्ण पेपरबैक्स में
पहला संस्करण : 2023

© कल्पना सिंह

राधाकृष्ण पेपरबैक्स : उत्कृष्ट साहित्य के जनसुलभ संस्करण

राधाकृष्ण प्रकाशन प्रा. लि.
जी-17, जगतपुरी, दिल्ली-110 051
द्वारा प्रकाशित

शाखाएँ : अशोक राजपथ, साइंस कॉलेज के सामने, पटना-800 006
पहली मंज़िल, दरबारी बिल्डिंग, महात्मा गांधी मार्ग, प्रयागराज-211 001
वेबसाइट : www.radhakrishnaprakashan.com
ई-मेल : info@radhakrishnaprakashan.com

बी.के. ऑफसेट
नवीन शाहदरा, दिल्ली-110 032
द्वारा मुद्रित

मूल्य : ₹199

THODA-THODA PUNNA
THODA-THODA PAAP
Poems by Kedar

ISBN : 978-81-19092-45-1

भेंट

मित्र, बन्धु श्री रवीन्द्र भारती,
धर्म-पत्नी सुश्री कल्पना सिंह,
भ्रातृज श्री अंशुमान सिंह,
पुत्र श्री ऋत्विक उदयन और
पुत्री सुश्री तूलिका सिंह को
जिन्होंने चाहा कि मेरा यह
दूसरा संकलन प्रकाशित हो

हम तो रफ़ूगर हैं,
फटे-पुराने के दोस्त,
दिल तो आपका था
क्यों होने दिया चाक

क्रम

सिमरिया-स्तवन

नन्ही-सी छाँह

आएँगे,
एक दिन सभी आएँगे
इस नीम की छाँह में, सभी सुस्ताएँगे।
शब्दों के हिरण और कल्पना की गौरैया
भाग
कहाँ जाएँगे!

इस महारण्य में जनमा
नीम का यह नन्हा पौधा
यूँ ही नहीं आया है।

इसके साथ जनमे हैं
पक्षियों के घोंसले
इसके साथ जनमी है
एक
नन्ही-सी छाँह

हाँ, हाँ
अपने साथ यह
अपना भविष्य लाया है।

[20.8.82]

सुख-दुख

हर के हिस्से पड़ते सुख-दुख
कोई बलबलाता
कोई तिलमिलाता
कोई रहता चुप
—बस चुप

[8.8.99]

यात्रा

उमस-भरे ताप में पक
टूटता
बीज का कवच

बच्चों के दाँत-सा सफ़ेद अंकुर
मुलमुलाती आँखों-से
आसमान तकता
जीवन
जड़ बाँधता।

आहिस्ता-आहिस्ता
फैलने लगतीं जड़ें
अँधेरी राहों पर,
रस की पुकार पर लगाये कान
करतीं अनुसन्धान–
दिशाओं का
टटोलतीं धरती
हाथों–
उँगलियों से।

शुरू होती फिर
रसों की यात्रा

जड़ों की सुरंगों से बह
तने और शाखों को भिगोते
पत्तों में बाँटते हरियाली

फूलों में बदलते
पकड़ते हवा की डगर
धरती में लौट आते

पीकर रसों को
पुष्ट होता अंकुर का कलेजा
पकड़ता वह
सूर्य की किरणें
चाँद को बुलाता।

[29.8.82]

नदी और देवता

इस गली में शोर कुछ ऐसा उठा
मोड़ पर बारात आने की ख़बर जैसा हुआ।

हर झरोखे पर उग आया चाँद-सा
और मन के द्वार का पर्दा गया कुछ काँप-सा।

बह रही थी जो नदी अनजान-सी
बाढ़ बन उमड़ी तटों को तोड़ कर।

हम हिदायत की रहे गढ़ते कथा
वह हदों के पार सुनने को गई।

घाट के पत्थर छुपे जलराशि में
मगन डूबा काँध तक वट-वृक्ष भी।

देवता के शीश चढ़ बहती नदी
सर झुकाये जो कभी थी चल रही

[10.9.85]

राधे-राधे

गलियाँ-गलियाँ, मन्दिर-मन्दिर
यमुना जी का मन-भावन तट
नये-पुराने क़िस्से मिलकर
क्या कहते सब
राधे-राधे, राधे-राधे।

गन्ध अगुरु की
बंसी की ध्वनि
कथा, भजन, नर्त्तन औ' कीर्तन राधे-राधे
हवा बोलती राधे-राधे
चलते-फिरते राधे-राधे
नहीं समझते फिर भी बोलो राधे-राधे

लोग कहें कुछ भी, मत सोचो
अपना मुँह है अपनी वाणी
जो चाहें बोलें
वे बोलें
तुम तो बोलो राधे-राधे

वृक्ष पुराना पीपल, पाकड़
वट, कदम्ब, अर्जुन या कीकर
उतरी सब पर किसकी आभा?
किसका घुँघरू? किसकी पायल? राधे-राधे
राधे-राधे

[4.2.92]

प्रेम

प्रेम-प्रेम का शोर है
प्रेम बुझाये कौन?
किसकी छाती पुष्ट है,
किस मन बसता मौन

[1.3.10]

बुलबुला

यह शब्दों की चाह है
जैसे हो फरियाय
उठे बुलबुला छोड़ तल
भरी झील को भाय।

[1.3.90]

देवता

न मिला प्यार के सिवा
कभी
कुछ और उससे
उसे इन्सान कहूँ
कि कहूँ देवता।

[5.3.99]

आँसू और रक्त और तस्वीर

जो लिख गये सुलोग
बड़ा दमदार लिखा है
कुछ आँसुओं से
रक्त से
पत्थर पे' लिखा है।

तस्वीर मैं
इस लेख की आँखों में बसाये
भटका फिरा करता
गली-घर-द्वार तुम्हारे

जागो!
कि सुब्ह हो गई
सोना गुनाह अब
जागो!
कि दिन किताब बन
कब से खुला पड़ा।

[12.12.90]

विद्वान विद्वत्ता का मारा

विद्वान विद्वत्ता का मारा
मूर्ख मूर्खता का
मैं कविता का मारा
तू किसका?

[15.11.90]

हरि-कथा

बोले तो बस हरि कथा
रहे अन्यथा मौन
निन्दा, मिथ्या, दुर्वचन
इन से लिसड़े कौन?

[12.9.03]

उन्हीं का

उन्हीं की हवा
उन्हीं का दीया
जला तो वाह! वाह!
बुझा तो क्या हुआ!

[13.6.4]

बैर-प्रीति

नहीं बैर नहिं प्रीति
केशव के सँग लागी जबसे
नहीं ईति नहिं भीति

आठों प्रहर सुधा रस बरसे
बदले आइन रीति
प्रभु दयालु, प्रभु अन्तर्यामी
नहिं अनीति नहिं नीति

[10.1.91]

छक्का-पंजा

छक्के ने मारा कि पंजे ने मारा
इक इक्का बिचारे को दुग्गी ने मारा

तुरुप लाल बनता
कभी स्याह का दिन
य' दिन ईंट का है
व' चिड़िया का मौसिम
यही हो रहा है
यही होता आया

भाग प्यादे का देखो
कि मन्त्री बना है
चले चाल तिरछी
जो सीधी तो किश्ती
जो जीता सिकन्दर
यदि हारा, फिसड्डी
यही हो रहा है
यही होता आया

न राजा से छुट्टी
न ग़ुरबों से फ़ुर्सत
व' राजा गया
औ' य' राजा नया है।

लो फेंटो य' गड्डी
कि बाँटो फिर पत्ती

हुआ खेल पूरा,
नया अब शुरू हो।
यही आया होता
यही हो रहा है।

अगर मन मशीनों में पैदा हुआ तो
व' मन भी तो आख़िर इसी मन–सा होगा!
बनेंगे क़बीले
लड़ेंगे क़बीले

गुलामों की बिक्री
व' अस्मत की बोली

मशीनों के फ़िरक़े
व आदम के फ़िरक़े
बचेंगे, लड़ेंगे
कटेंगे, मरेंगे

कि राजा है बनना
बनूँगा मैं राजा

कि छक्के ने मारा
औ, पंजे ने मारा
इक इक्का बिचारे को
दुग्गी ने मारा
यही हो रहा है
यही होता आया।

[12.7.90]

दुख

अपना दुख भी दुख होता क्या?

खुल जाता मन का दरवाज़ा
मन भीतर से बाहर आता
दुख-ही-दुख है।

अपना वाला तो छोटा था
कनवाँ भर का
उससे भी कम
बामुश्किल था रत्ती-भर का।
बाहर तो है सागर जैसा
भारी जैसे कोई पर्वत
अपना दुख भी दुख होता क्या?

सूनी माँगें,
टूअर बचपन
थका और असहाय बुढ़ापा
दिशाहीन, हतप्राण और बेकार जवानी।

सुविधाओं पर मार गेंडुली बैठा अजगर
ईर्ष्या, द्वेष, कलह से पीड़ित,
बद्ध, विवश समुदाय बिचारा
अपना दुख भी दुख होता क्या?

मोल-तोल चालाक तिजारत
सरपट-सरपट

भाग रहा है
यह जीवन-रथ।

किधर जा रहा?
कहाँ जा रहा?

धत्तेरे की!
फ़ुर्सत हो तब तो बतलाएँ!
अगर पता हो तो कुछ बोलें।

भाग रहा
हो जैसे कोई टूटा तारा
अथवा, सूखे सर ज्यों कोई।
यह भी तो चलने जैसा है
नहीं
कि जैसे उगता सूरज
नहीं
कि जैसे भरता सागर
दुख का ताण्डव-नृत्य हो रहा
अपना दुख भी दुख होता क्या!

केशव-केशव

कम्बल-डोरी
लोटा-सोंटा
कण्ठी-माला
भज गोपाला

गोपी नाचीं, नाचीं राधा
नरसी नाचे, नाचीं मीरा

रोली-चन्दन
चल रे चल मन
चल मन-ही-मन
रामकृष्ण राधा गोवर्धन

सीता गीता परम पुनीता
शारद-नारद भक्ति विशारद

केशव-केशव
कह-कह-कह रे मन
सखा-सखी संग
रह-रह-रह रे मन

कम्बल-डोरी, लोटा-सोंटा
कण्ठी-माला, भज गोपाला
भज गोपाला, भज गोपाला।

[7.10.99]

रात

सन्नाटे में सो गई रात
रात काट रही रात
मेरे भीतर।

[8.8.99]

स्नेह

दोनों का आपस में नेह
दोनों ही दोनों के गेह
वाणी अवरुद्ध
अपलक नयन
रोमांचित, पुलकित–ह्रदय
भूले बयन।

[3.1.6]

कहो

कहो,
ज़रूर कुछ कहो
सको,
तो शब्दों
वर्ना फिर चुप्पी में
चुप से शब्दों को भरो
सको तो
कहो
ज़रूर कहो।

[3.1.6]

चिट्ठीरसैन

पचहत्तर वर्ष के सुक्खू जी शान से खींचते रिक्शा
सुक्खू जी यानी सुखदेव जी।

मीलों चले जाते पायडल मारते
बिना अलसाये, बिना थके
रुकते, तो बने रहते ताज़े के ताज़े
सिर्फ़ पसीने से तर रहती गंजी–

सुक्खू जब डालते पायडल पर पूरी देह का वज़न
रोम छिद्रों से फूटने लगतीं गंगा और जमन

सुक्खू जी गांधी जी को जितना जानते उतना किसी और को नहीं
ज़रा-सा बोल दो गांधी जी के हुज़ूर में कुछ उल्टा-सीधा
सुक्खू जी तुम से तोड़ लेंगे रिश्ता। तुरन्त।
और अगर तुमने ले लिया नाम भगत सिंह जी
या चन्द्रशेखर आज़ाद जी का
सुक्खू जी आँखें बन्द कर
माथे से लगाते दोनों हाथ
करते प्रणाम।

"सुक्खू जी रिक्शा चला रहे"
पूरे देश में फैला देती ख़बर
हवा।

हमारी सारी नदियों में लगतीं ख़बर की नावें
बुराँश से कहते चीड़–सुक्खू जी रिक्शा चला रहे।

इलायची की झाड़ियाँ काजू के पेड़ों से कहतीं
—सुना! सुक्खू जी रिक्शा चला रहे।
मन्दिरों से मस्जिदों तक
मस्जिदों से गुरुद्वारों तक
चर्चा में एक ही बात
—सुक्खू जी रिक्शा चला रहे हैं।

सुक्खू वेद और पुराण हैं
बायबुल हैं, क़ुरआन हैं।
सबद हैं नानक के
बुद्ध का ध्यान हैं।

मेरे मन की मस्जिद में जब पड़ती अज़ान
बजती आरती की घंटी
फूँका जाता शंख
श्रद्धा से जुड़ते मेरे हाथ
मेरे हाथों में समा जाते सुक्खू जी के हाथ
उस स्पर्श से होता रहता मैं सराबोर

एक दिन रिक्शा खींचते-खींचते
सुक्खू जी पहुँच जाएँगे पाकिस्तान
इंग्लैंड, अमेरिका, तुर्कमानिस्तान
कीनिया, रूस, चीन और जापान।

लोग, ख़ास कर बच्चे
हिलाएँगे हाथ, लहराएँगे
अपने-अपने देश की काग़ज़ वाली झंडियाँ
अपनी-अपनी भाषा में बोलेंगे
आ गया, आ गया, आ गया।
आ गया दोस्ती का चिट्ठीरसैन।

[13.2.2009]

पानी और प्यास

नदी नहीं बन सकते तो पोखरा ही बन जाओ
पोखरा या कुआँ
जो भी चाहे जी—बन जाओ

न जाओ अनेक गाँव और शहर
एक गाँव में ठहर जाओ
नदी नहीं बन सकते तो पोखरा ही बन जाओ

नदी का काम है दूर-दूर तक पानी बाँटना
पोखरे और कुएँ भागते नहीं
पानी बाँटने को कहीं ठहर जाते

और यह
पानी की मौज कि वह
बाँटने को नदी बन बहे
या फिर
कुआँ या पोखरा बन कहीं ठहर जाए

मौज में आओ
नदी नहीं बन सकते
तो पोखरा ही बन जाओ

पानी हो
प्यास बुझाना तुम्हारा हक़ है
हक़ पर लौट आओ
नदी नहीं तो कोई तालाब, कोई कुआँ
बन जाओ।

[20.8.82]

स्नेह–2

सारी आयु गुज़र जाती, बस
कुछ करते, कुछ धरते
धरा पड़ा रह जाता लेकिन,
स्नेह–कोष सब वैसे

सौदेबाजी नहीं
स्नेह केवल निःसृत होता है
बदले में है कौन चीज़
कोई जो दे सकता है?

नहीं चाह के साथ स्नेह का
कोई भी रिश्ता है;
चाह धरा का पथिक
स्नेह–नभ में विचरण करता है।

निशब्द

मन ठहरा-सा, तन शान्त, अचल
भीतर-बाहर अनदेखा जल
कल-कल, कल-कल
कल-कल, कल-कल

उठकर निशब्द से शब्द विमल
अर्थों से सज्जित, शृंगारित
पदचाप सहज
आलाप सरल
मन ठहरा-सा, तन शान्त अचल
कल-कल, कल-कल
कल-कल, कल-कल।

नसीहत

ऐ वाह री हवाओ, ऐ वाह री हवाओ

गर झोपड़ी मिली तो
तू शेरदिल है बब्बर
महलों को देखकर तू
करती सलाम झुककर
ऐ वाह री हवाओ...

बादल भगा-भगा कर
धरती को राख करती
बादल बुला-बुला कर
फ़सलें कभी डबोती
जंगल कभी जलाये
दीपक कभी बुझाये
ऐ वाह री हवाओ...

सब झेल कर जिएँगे
आहें जुगा धरेंगे
फ़ौलाद में ढलेंगे
पर्वत अडिग बनेंगे
सिज़्दे में इनके इक दिन
झुकना पड़ेगा तुझ को
इनकी सहूलियत को
रुकना पड़ेगा तुझ को
ऐ वाह री हवाओ, ऐ वाह री हवाओ।

प्यास–1

वह आँख के कटोरे
वह रूप का बरसना
वह प्यास बेबुझी–सी
आनन्द का भभकना।

प्यास–2

प्यासे–प्यासे–से हम दोनों
प्यासी–प्यासी रातें
प्यासे–प्यासे दिन संवत्सर
प्यास–भरी सब बातें
बोलो, प्यास बुझेगी कैसे?

तप

राम-नाम का जप करो
पूर्ण-शक्ति भर काम
छोटी चादर-भर रहे
सामानों की माँग

यही तपस्या निभ सके
तब हो बेड़ा पार
अगर नहीं तो डूबियो
भरी नदी मझधार।

माँ के हाथ का खाना

इधर निकल ही आए जब
तो फिर आएँ
दिखाते हैं आपको वह घर
जहाँ पैदा होते गाँव और शहर,
देश और दुनिया
यहीं पैदा होतीं नस्लें,
धर्म
और ईश्वर भी।

आएँ,
देखें!
यह है मुख्य द्वार
कोई ले गया इसकी किवाड़
इस चौखट पर सिर नवाने के पहले देखिए ये निशान
जलावन के लिए किसी ने चलाए होंगे इस पर कुल्हाड़ी

और यह जो आप देख रहे ईंटों से घिरी जगह
तब, यहीं बनती थी रसोई
कच्ची-पक्की
चूल्हे में डोलती थी आग
दिवाल पर माँ,

माँ रोटियाँ बेलतीं
तवे पर सिझातीं
अँगारों पर डाल

उन्हें फुलातीं
 चाहतों से फूलता था हमारा मन!

दुनिया में
कहीं नहीं मिलता
माँ के हाथों बने खाने-सा
खाना।

'यह भी कोई बात है'—
नाराज़ होतीं पत्नियाँ—
'ऐसा क्या होता ख़ास
माँ के हाथों बने खाने में?'

बावरी हैं,
पतियों से करतीं
वह सवाल
जिसका जवाब होता है
उनके बच्चों के पास।

सुना है हिन्दुओं में
बहुत पहले
मिलता था बहुओं को एक आशीर्वाद
ईश्वर तुम्हें सौ पुत्र दें
और तुम्हारा एक सौ एकवाँ पुत्र हो
तुम्हारा पति!

सिर्फ़ एक सौ एक पुत्रों की माता ही होती
अस्ल में माता,
दृश्य-अदृश्य
सारी सन्तानों के प्रति ममता भरी
माँ तो माँ होती है
सिर्फ़ माँ।

मित्र

मित्र होते राहगीरों के
सड़क किनारे खड़े वृक्ष।

इनकी छाँह तले सुस्ताते राही
मिटाते थकान
जाते-जाते तोड़ लेते कुछ डालियाँ
बनाने को वन्दनवार
या चूल्हे सुलगाने को

राहगीर पेड़ के मित्र होते।

वृक्ष पत्तों में सोखते
जेठ-बैसाख की दोपहरी का ताप
और धरती से ऊपर उठी उनकी जड़ों का जब
कुर्सी-सा करते बटोही इस्तेमाल
प्रसन्न पेड़, बियना डुला
उनके लिए करते
ठंडी हवा का बन्दोबस्त

पेड़ राहगीरों के बड़े अच्छे दोस्त होते

कुछ लोग समय की राह पर
वृक्ष बन खड़े रहते
मित्रों को छाँह पहुँचाने हित
आतुर और विह्वल-से बने रहते।

[27.05.85]

धरती

धरती मेरी धरती
माँ-सी प्यारी धरती
गेहूँ की बाली में
फूलों की डाली में
तू अविकल हँसती है
झरनों में झरती है
नदियों में बहती है
कल-कल में बजती है
छल-छल में नचती है।

वह खड़ा तपी-सा जो
वट वहाँ सिमाने पर
तेरा बेटा है वह
बिलकुल मेरे जैसा
वह मेरा भाई है
मैं अनुज उसी का हूँ
आते-जाते, उसके
मैं चरण पोंछता हूँ
आशिष देती मुझको
तू हवा रूप धर कर

सागर नीचे है तू
पर्वत के भी नीचे

तू नभ में है जग मग
तुझसे निर्मित सब जग
ओ माता, ओ माता, प्यारी धरती माता।

[2.1.2005]

फ़स्द

बूँद-बूँद में पड़ जाता है फ़र्क़
एक गरल का कोष
एक में अमृत भरा नव वर्ष

नदियों के जल पर विभीषिका
नृत्यमान विकराल
जीवन सक्ते में, स्तम्भित,
चिन्तित औ' बेहाल

वही सूर्य जो लेकर आता
बादल का उपहार
क्यों धरती की छीन सरसता
छाती उसकी फाड़
वृक्ष, लता, तृण, सबको करता
जला-जला कर राख

भाग्य नहीं
मजबूरी यह सब

शिव आश्रित विज्ञान न होगा
कैसे बला टलेगी?
इस प्रकार तो धरती पर
मानव की
जाति न बच पाएगी।
बूँदें जो
उन्मत्त गरल पा

उन पर कड़ा प्रशासन
जो सपनों से लैस
उन्हें जी सकने का आश्वासन।

राह मात्र बस एक
दूसरे व्यर्थ सभी आयोजन
फ़स्द खोल पागलपन का
चाहिए तुरन्त इलाज।

[17.9.87]

राम कहो

कुछ न बने तब कहिये राम

दुनिया तो बोलेगी कुछ भी
झूठा–सच्चा
उलटा–सीधा,
दिल टूटेगा
ग़ुस्सा होंगे,
मगर, क्रोध को करें प्रणाम
कुछ न बने तब कहिये राम।

रिश्ते–नाते सब दुनिया के
कुछ इस क्षण के
कुछ उस क्षण के
मारा–मारी, आपा–धापी
लस्टम–पस्टम, भागा–भागी
कैसे–कैसे ताम औ' झाम
कुछ न बने तब कहिए राम

यहाँ सभी आये, कुछ करने
पंडित, राजा, नेता बनने।
भूखे मरने, भीख माँगने
कुछ हिस्से की ख़ातिर लड़ने
छोटा जीवन हुआ तमाम
कुछ न बने तब कहिए राम

कुछ के सर पर देश सवार
कुछ के हाथों में तलवार
कहीं धर्म का भारी शोर
इक दूजे को कहता चोर
नंगों से भर गया हमाम
कुछ न बने तब कहिए राम

अपनी झोली सभी छुपाये
पर की गठरी में अरुझाये
झोली में कितना अँट पाये
गठरी में कितना समटाये
सुबह हुई फिर आई शाम
कुछ न बने तब कहिए राम।

अपने सर से दिया उतार
बेटे के माथे सब डार
लट-पट बोली, कम्पित गात
दिन बीते पर आई रात
रुदन यान चढ़ किया प्रयाण
कुछ न बने तब कहिए राम।

[4.9.89]

मुट्ठी में आकाश

लोग अगर पूछें तो कहना
आया भी औ' चला गया
हमसे, तुमसे उससे मिलकर
सपने हाथों छला गया

बादल आये, बिजली चमकी
गरज बरस कर चले गए
उमड़ी नदी, मिली सागर से
हम बूँदों को तरस गए

बातों का सैलाब उठा था
इस वजूद के दरिया में
कुछ हाथों ने हाथ पकड़कर
कुछ का कुछ लिखवाया क्यों?

आहिस्ता बोलो,
सुन लेगा
समय बहाने-से सोया
कानों-कान पहुँच जाएगी
बात, यहाँ से दूर तलक

अभी नहीं मौसम बदला है
ज़रा देर-भर ठहरो तो
मुट्ठी में आकाश छुपा है
मुट्ठी को खुलने तो दो।

[20.11.98]

नग़मों का होना

किसने, कब सोचा था भाई
आएँगे वह इस घर भी
हमने तो काग़ज़ की नावें
खेल-खेल में छोड़ी थीं।

जितनी गहरी उतनी मन्दी
नदी-नदी में फ़र्क़ बहुत
हमने तो सोचा था यारों
पानी है सो पानी है

यूँ तो जीवन पर हावी है
मरी, निगोड़ी मृत्यु बहुत
जीवन में नग़मों का होना
कितना अच्छा लगता है!

[7.2.99]

दुआ

हर एक की ख़ातिर न बनी है हर एक चीज़
मैं ढूँढ़ता सामान जो मेरे लिए बना।

देखा, सुना, चक्खा न मिली गन्ध किसी को
क्या हो, कहाँ रहते भला कैसे कहे कोई।

मन है कि बस दिन-रात तुझे ढूँढ़ता रहता
हर आँख में है अम्न का साया तलाशता।

जल कर हुआ जो राख
शहर
राख से उसके
फिर से शहर उठे
ये दुआ रख रहा है मन।

[21.12.93]

गुहार

आएँगे वह,
अभी-अभी जो हवा गई
वह बता गई
हामी भरते पत्ते जैसे
देख रहे उनका आना।

मुझसे भेंट नहीं हो पाए
मन को थोड़ा थिर करना
रातों का आकाश देखना
दिन-भर जंगल को देना

नदियाँ, पर्वत, बालू, पत्थर
अपने हैं सब, ग़ैर नहीं
सब बोलेंगे 'आए-आए'
तुम उनको गुहराओ तो।

[12.12.98]

काव्या

एक, दो, तीन, चार, पाँच बकरी
भूरी, सफ़ेद, सुर्ख़, स्याह कबरी
मिमियातीं में-में सब की सभी
चर रहीं नर्म घास हरी-हरी
भोली, सुचंचल है कौतुक-भरी
एक-टक देख रही काव्या खड़ी

[26.3.98]

कविषा

लगी बोलने कविषा अब तो
मम्मी, बाबा, पापा
दादी-दादा, नानी-नाना
काकी-काकू काका

बड़ी सयानी काव्या दीदी
मम्मी से कहती है
कविषा मुझको काव्या बदले
क्यों 'ताव्या' कहती है?

सीख जायगी धीरे-धीरे
गिट-पिट ख़ूब करेगी
यह क्या? वह क्या?
पूछ-पूछ कर, थका तुम्हें डालेगी।

[6.12.99]

बाँट-चूटकर खाना

सब्ज़ी वाला सब्ज़ी लाया
कद्दू, भिण्डी, आलू
अम्मा घुसीं रसोई-घर में
लगीं पकाने ब्यालू।

भाजी भूँजी, झोर लगाया
और पकाया भात
मुन्ना-मुन्नी खेल-खेल में
सीख रहे हैं बात।

खेल-खेल में सीख रहे हैं
मिलकर रहना जीना
बाँट-चूटकर
जो भोजन है
मिलकर खाना-पीना।

[5.4.86]

बाबू जी

बाबू जी दफ़्तर से लौटे
थक कर, पस्त निढाल
बबलू बेटे पानी देना
मैं लाती हूँ चाय

पिंकी बिटिया गमछी देना
लुंगी देना
बाबू जी की स्लीपर देना
छाता रखना
टोपी रखना
रखना ज़रा सँभाल

बाबू जी दफ़्तर से लौटे
थक कर, पस्त निढाल।

[5.4.86]

सर्कस

अम्मा! मैं सर्कस देखूँगा
जिसने भी देखा वह कहता
बड़ा मज़ा आता है।

भालू सायकिल पर चढ़ता है
शेर आदमी से डरता है
जीप कुदाता है कोई तो कोई फटफटिया दौड़ाता
झूले पर झूलते लटक कर
इससे उस पर देह झटक कर
कभी उलट कर, कभी पलट कर
कोई चलता तार-सड़क पर

कुत्ते, बन्दर, घोड़े भी हैं
सबसे बढ़कर जोकर भी हैं
तरह-तरह से उछल-कूद कर
मुँह बिचका कर स्वाँग रचा कर
गिर कर, उठ कर, हँस कर, रो कर
बहुत हँसाते, बहुत रिझाते

जोकर का आना दर्शक को
बहुत-बहुत भाता है
अम्मा! मैं सर्कस देखूँगा
देखा है जिसने वह कहता
बड़ा मज़ा आता है।

[5.4.86]

होमवर्क

साँझ पड़े घर लौटा मुन्ना,
धूल-धूसरित गात,
मम्मी बोलीं—नल पर जाओ
पहले धोओ हाथ।

हाथ-पाँव दोनों ही धोना
साबुन वहीं पड़ा है,
गीले अंग पोंछने खातिर
टावेल वहीं धरा है।

मुन्ना बोला—
तब तक मम्मी,
एक काम कर देना
बस्ते से ले कॉपी-पुस्तक
टेबुल पर धर देना।

होमवर्क हल्का जैसा है
गुणा-भाग है करना
मुझे आज मम्मी-पापा पर
लेख एक है लिखना।

[13.12.99]

कक्षा

घंटी बजी
घुसे कक्षा में सारे पढ़ने वाले,
अपनी-अपनी जगह पकड़ ली
खुले डेस्क के ताले।

कोई सुना रहा था क़िस्सा
किसी और को घर का,
होम टास्क जल्दी-जल्दी था
कोई पूरा करता।

मास्टर जी जब घुसे क्लास में
खड़े हुए सब बच्चे,
घुस-घुस, फुस-फुस बन्द हो गई
सबने कहा नमस्ते।

मास्टर जी ने हँस कर सबका
अभिवादन स्वीकारा,
और कहा—बैठो बच्चो!
दिन शुभ हो ख़ूब तुम्हारा।

[8.12.99]

वीरान चौराहे

सूखा झरना,
उजड़ा जंगल,
धरती की छाती दरकी,
रस के कोष रिक्त, सब सूने,
जीवन ऊसर खेत बना;

नहीं उदधि के महानाभि से
उठते बादल के टुकड़े,
मन का व्योम शुष्क औ' ताता
तर्कों के सूरज नीचे।

मन की दुनिया
तन की दुनिया
मिलतीं जहाँ-जहाँ पर हैं,
चौराहे वीरान अकेले
लोग पड़े दहशत में हैं।

जिंसों से लबरेज,
लबालब दुनिया का बाज़ार भरा,
पर, पहरे पर बैठे जो वे,
इंसाँ नहीं दरिन्दे हैं।

[3.9.82]

टेढ़ी खीर

एक पूरी ज़िन्दगी लिखना
नहीं ठट्‌ठा हँसी है
खीर है टेढ़ी।

[10.7.7]

रोटी

भूख का मारा बिचारा क्या करे,
शंख फूँके
या कि फिर तहज़ीब देखे?

पेट से बाहर निकलती आग
घर किसी का जल गया तो क्या?
रोटियों में दफ़्न होती आग
शान्ति आती रोटियों की राह।

[10.07.7]

नदी और सागर और पहाड़...

पहाड़ की तंग गलियों में
उसके ऊबड़-खाबड़ में
तेज़ी और ताक़त भरी
कसमसाती हैं नदियाँ,
सागर तक जाने को
पहाड़ से उतरती हैं नदियाँ।

नहीं जानतीं राह,
अभी सागर को नहीं पहचानतीं,
मगर, पहाड़ से उतरी हैं
कि सागर तक जाना है।

ख़ूब है धरती भी,
पहाड़ से उतरते ही
नदियों को पी जाना चाहती,
लील जाना चाहती उनका अस्तित्व।

पहाड़ से उतर
खुले में आना,
दूर-दूर तक फैल जाना,
नदियों को बड़ा भाता है।

मगर ख़ुशियाँ
कभी-कभी
महँगी पड़तीं।

फिर भी,
नदियाँ हार नहीं मानतीं,
दूने उत्साह से आगे को बढ़तीं,
धरती के मुँह पर खींच एक सन्दली लकीर
उसे और भी सुन्दर बनातीं

शहरों से, गाँवों से,
धूप और छाँवों से,
पूछतीं,
पाछतीं,
बढ़ती ही जातीं।

धरती को काट-काट
कूल और किनारे बनातीं

कभी थके इनसानों-सी
मद्धम
कभी पागलों-सी मनमता,
बढ़ती ही जातीं

सागर की है जब पुकार,
चाह है
कैसे नहीं मिलेगा सागर?

नदियाँ मिटती हैं–
सागर में
सिर्फ़ सागर में
कभी नहीं राहों में।

[1.8.82]

अनकही

बात ऐसी हुई
हम मिले जब कभी
दूर दीपक जला
कुछ अँधेरा टला।

बाद हमने कहा
बाद हमने सुना
जो सुना सो कहा
लोग सुनते रहे।

मन बिछलता रहा
मन की आदत बुरी
बात बनती गई
रात ढलती रही।

नींद की धुन्ध में
थोड़े सपने मिले
जैसे पोखर हिले
जैसे बादल चले।

बाँध सर से लिया
स्वप्न सेहरा बने
कोई दूल्हा बना
कोई दुल्हन बनी।

ख़्वाब उड़ने लगे
बीज सेमल बने

दूर धरती मिली
पर, मिली तो सही।

अब्द बीते कई
शब्द बिछड़े कई
धज नई ही सही
पंख छोटे भले।

घाव जिसने दिया
काम अच्छा किया
दर्द की आँच पर
मन खदकता रहा।

मन के व्यंजन बने
स्वाद से सब रचे
हमने थोड़ा रखा
बाँट सब में दिया।

आँख नम भी हुईं
कुछ के आँसू बहे
होंठ कुछ के हिले
शब्द बन ना सके।

वह जो कम्पन उठा
मैंने हाथों लिया
शब्द उससे मिले
धुन कहीं से मिली।

थोड़ी राहत मिली
जबकि आहट सुनी
पाँव हौले उठे
पाँव हौले गिरे।

वह जो पायल बजी
जैसे खिल-खिल हँसी

कोई बालक हँसे
कोई चम्पा खिले।

अब कोई क्या करे
और कितना कहे
पुश्त बीते कई
बात तब भी रही
अनकही-अनकही

कुछ कहा हमने भी
आगे होंगे कई
पीछे बीते कई
बात की क्या कहें
अनकही-अनकही।

[5.9.99]

क़ीमत

एक-एक शब्द की
चुकानी पड़ती क़ीमत
बहुत जलता लहू
हाथ, उस दिन ख़ाली हो जाता
शब्दों में जिस दिन कुछ
उतरता

[12.2.2000]

चाँद

समुद्र छलका
पता चला
रात चाँद पूरा का पूरा आया था।

[30.1.2000]

ईमान

हमारे मुल्क में क्या-क्या न हुआ!
ईमान तो बिका
सारी दुनिया में
इस तरह सस्ते में
कहीं और न बिका

[30.1.2000]

थोड़ा-थोड़ा पुन्न...

थोड़ा-थोड़ा पुन्न, थोड़ा-थोड़ा पाप
इक्का-दुक्का वर, इक्का-दुक्का शाप

जीवन का भोर, जीवन की साँझ
माझे-माझे दिन, माझे रात श्याम

जीवन अनन्त, जीवन अविराम
जीवन अकाम, जीवन सकाम

रुद्ध - अरुद्ध
बद्ध - अबद्ध
सरल - तरल
सघन-विरल

हास विलास
किंवा परिहास
करुण रुदन
सजल नयन

अजर - अमर
अमृत - सन्तान
मध्य - विराम
मध्य - विराम

थोड़ा-थोड़ा पुन्न, थोड़ा-थोड़ा पाप
इक्का-दुक्का वर, इक्का-दुक्का शाप

[21.10.98]

अवतरण

अक़्ल के ढेर पर नहीं उतरा
कुछ फ़रिश्तों ने सोचा
कुछ ख़ुदा ने कहा।

[12.2.2000]

सफ़ा

नाम उनके भी हुए
नाम मत लो जिनका
इस सफ़े पर जिसने
जो चाहा
लिक्खा

[10.2.2000]

सफ़र

सफ़र
कौन
कब,
कहाँ लम्बा होता है?
कल की-सी लगती बात

[10.2.2000]

आमीन

चाँद झलका,
ख़ुशियों से भरा जाम
छलका,
कल
मनेगी ईद।

माह-भर की आराधना के बाद
दाता की मेह्र से
दीपमालाओं से सजेंगे घर,
बरसेंगे रंग
गन्ध छितरेंगे—
चूड़ियाँ बजेंगी
गीत हुलसेंगे।

ईदियों में बाँध कर मन
बाँटेंगे लोग
मिलेंगे आपस में गले
प्यार के जल्वे बखेरेंगे।

किलकेंगे बच्चे,
चहकेंगे,
कर देंगे दालान और सहन एक,
गोदियों में बापों की बैठेंगे
छुपेंगे माँओं के पीछे
शरमाते-सकुचाते

बुजुर्गों को बोलेंगे
सलाम।

वह,
वहाँ,
दूर—फ़लक़ के पार
जहाँ नहीं जा सकतीं आँखें
दोनों हाथ ऊपर को उठाये
रब से माँगेगा दोस्त
मेरी सलामती की दुआ
ईद के दिन।
आ—मी—न।

[9.9.11]

दह

लहरें जहाँ कम उठती हों
पानी ठहरा हुआ-सा लगे
समझना नदी यहाँ गहरी है।

इनसानी चुप्पी
मज़ाक़ उड़ाने की चीज़ नहीं
चुप्पियाँ
वेदना की गहराइयों का इज़हार करती हैं।

इन्सान आँखों से बहता है
आँखें उसकी नदियाँ हैं।

इनसान की बातें सुनो
उसकी आँखों में झाँको भी।
वह जो नहीं कह सकता
उसकी आँखों में लिखा रहता।

ऊँची-ऊँची बातें करनेवाली आँखों में झाँकना
हो सकता है बरसाती पानी भरे
बजबजाते डबरों की याद तुम्हें आ जाए
धौंस जमाती आँखों में
भीख की लिखावट नज़र आ जाए

चौंकना,
जब तुम्हारे सवाल का जवाब न मिले

ठहरना,
जब मुस्कुराते होंठों से तुम्हारा साबिक़ा पड़े

भुनभुनाती–सी आवाज़ में,
ख़ुद के लिए जब कोई बोल रहा हो
रुक जाना,
वेदनाएँ जब आदमी को खँगालती हैं
ऐसा होता है।

उन आँखों में झाँकना
निश्चय ही वे आँखें दह–सी होंगी,
और याद रखना
दहों में पहुँच, नदियाँ गहरी हो जातीं
बहुत गहरी हो जातीं।

[14.8.82]

बौर

फिर बौराये आम
आम के दिन आए हैं
फिर बौराये आम
ख़ुशी के दिन आए हैं।

फिर बौराये आम
फलो-फूलो सन्तानों
फिर बौराये आम
तुम्हारे दिन आए हैं।

[5.03.99]

तुम

रात चाँद ने दस्तक दी थी
मैंने समझा तुम आए हो।
ऊषा के चरणों की आहट सुन मन बोला
देर-अबेर हुआ करता है।

[17.9.1999]

आँगन

ऊँचे घर में रहनेवाले
क्या जानें आँगन का दर्द
अगली सदी घोंट क्यों देती
गले पुरानी सदियों के।

[15.11.1992]

प्रतीक्षा

मैं रामकृष्ण के घर जाने को बैठा हूँ
बस देर बुलावा आने की,
कुछ देर ठहरना और अभी
कुछ और रास्ता तकना है।

दिन-रात बरसते ही रहते
स्मृतियों के बादल झिर-झिर
सपनों की डोंगी समासीन
दिन आते-जाते रहते हैं

[9.3.93]

इंसाफ़

करो इंसाफ़ की बातें
तो बुरा लगता है
कोई क्या बात करे!
किससे बात करे!

[16.12.1998]

अनुद्धृत

लिखा बहुत पर, एक बार भी
नाम नहीं तेरा आया
इसका मतलब यह थोड़े है
हममें तुममें प्यार नहीं!

[13.11.1998]

नफ़ा नुक़्सान

नफ़ा नुक़्सान की दुनिया
अगर मुझको न रास आई
क़हर बरपा नहीं कोई
नहीं कोई, नहीं कोई

नहीं सीखा बहुत बातें बनाना
अस्ल में यारो
ज़रूरत चार रोटी की
ज़रूरत हाथ-भर लम्बी

[18.12.1998]

ईसा

जिला दें फूँक से ईसा
जिसे चाहें, जहाँ चाहें,
नसीबों में लिखा रहता
किसी के कुछ
किसी के कुछ।

[2.2.99]

इश्क़

कहते हैं जिसे इश्क़
बला है
ज़रा बच के
इक बुत थमा देता
तमाम उम्र के लिए

[18.12.1998]

एहसान

(किसी जनजाति में प्रचलित एक कहानी
अपने संकलन में अपना नहीं उन्हीं का कहकर
शुमार कर रहा हूँ ब्रह्मांडीय चेतना को
साक्षी मान कर।)

तुमने हिसाब किया
तो हाथ आया सिफ़र
उसने तो मोतियों से
घर भर दिया

क्यों न उठाऊँ
उसके हुज़ूर में हाथ
हाथ को जिसने
हुनरमन्द किया

किसी दिन काट दिया जाएगा
अन्तिम वृक्ष
आख़िरी नदी के पानी में
घोल दिया जाएगा ज़हर
पकड़ ली जाएगी
बची हुई एकमात्र मछली
अगली सुबह लोगों को पता चलेगा
क्या है खाने की चीज़
फल या पैसा।

[20.9.11]

अबाधित कविता

ज़रा अँधेरा घिरा कि तुम व्याकुल हो उट्ठे
कैसे हो सन्तान धरा के?
इसी तरह हर बार अँधेरा घिर-घिर आता
हारे मन औ' थकी देह से धरती भरती

फिर नभ पर नक्षत्र एक ताज़ा-सा खिलता

रोशनियों से खेल-खेल कर बड़ी हुई है
धरती की ज़िन्दगी
कि एक अबाधित कविता

[3.10.87]

संवेदनाओं का शिशु

पड़ोस में सो रहा है संवेदनाओं का शिशु
थिरक रहा था पिछले क्षणों
नींद में जाने के ठीक पहले तक

कैसा हँस रहा है—
शिशु,
नींद में होने के बावजूद

नींद उसे ले गई है सपनों के गाँव
अपनी हँसी में वह
गुनगुना रहा आत्मा के गीत

**(कवि रवीन्द्र भारती जी के साथ आगरा जाना हुआ था।
ताजमहल देखा गया और मौला शायर नज़ीर
अकबराबादी के मज़ार पर श्रद्धा-सुमन चढ़ाए गए।
उसी यात्रा में प्राप्त एक सुखद अनुभूति।)**

बात

पहाड़ छीजा
समतल हुई ज़मीन
ज़मीन से बात हुई
बात होने से बात साफ़ हुई

[15.11.1999]

संघर्ष

संघर्ष सनातन चले
बीज बन पले
विटप में ढले
छाँह की भाषा

झड़ें,
पत्र सब झड़ें
नयों से भरे
पुष्प से लदे
वृक्ष की शाखा

[20.8.88]

लालधुआँ

कहते थे लालधुआँ
जीवन है कुआँ-कुआँ
चाहो तो पिओ
मस्ती में जिओ
वर्ना फिर कुएँ का मेढ़क बन टरटराओ
आज आबाद रहो
कल मर जाओ

[6.12.87]

**(लालधुआँ—यानी रामप्रिय मिश्र। बिहार के मुंगेर ज़िले और शहर से आते थे। "दरद दिवाना बावरा, अलमस्त, फ़कीरा, एक अक़ीदा ह्वै रहा, असमति का धीरा" कबीर साहब वाली ही अलमस्ती। कविताओं में वैसा ही खरापन—"ऊखल में धान धमाधम्म, धमाधम्म"। पटना के लंगर टोली से भिखना पहाड़ी के बीच अलीगढ़ी पाजामे और मोटे हैंडलूम या खद्दर के कुर्ते में बिखरे बालों वाले लालधुआँ जी अक्सर चप्पल फटकारते नज़र आ जाते थे। नौ बजे सुबह से दस बजे रात के मध्य, कई बार। संस्कृत के सक्षम ज्ञाता। मुझ पर उनका अतिशय स्नेह था। लालधुआँ जी दूसरा विश्वयुद्ध लड़े हुए भारतीय योद्धा थे।
मेरा शतशः नमन।)**

लुत्फ़

अगर परेशाँ हुए न होते
क्या लुत्फ़ आता
इस ज़िन्दगी में

[12.12.1998]

दर्द

सब कुछ सुस्त-सुस्त-सा क्यों है?
दर्द बेपनाह एक मुश्त-सा क्यों है?

[11.1.1999]

ख़ाली समय

कोई क्या नज़्म कहे
ग़ज़ल कहे
शेर कहे
जेब ख़ाली है, समय ख़ाली से

[12.1.1999]

पागल लड़की

रगों में दौड़ती फिरती है
एक पागल लड़की
जाने किस मुल्क की
किस गाँव की
किसके घर की।

[11.1.1999]

स्वप्न-बीज

क़लम में उतरो जब भी
बनोगे तलाश
वर्ना, चबाते-चबाते उगल देगी अचानक क़लम
जैसे कि भोक्ता उगलता
कौर के बीच का कंकड़

इससे जुड़ना
जैसे चलती गाड़ी में चढ़ना
बड़ा ही ख़तरनाक
मगर, गणित का मानो
तो आसान-सा
जैसे अन्तरिक्ष में घूमते सोयुज़ से
रूसी अन्तरिक्ष यान का जुड़ना
करना
उस में ज़रूरी मरम्मत
यान का धरती पर लौट आना।

बहुत कुछ करना पड़ता
सोयुज़ से जुड़ने को
काग़ज़ी नक़्शों को
इस्पातों में गढ़ना पड़ता
और जहाँ धड़कता पूरे नक़्शे का दिल
वहाँ धरना पड़ता सत्यमुखी,
खिलने को आतुर कोई सपना।

यह सपना टूटा है
जानें कितनी बार

इतिहास का एक भी पन्ना ख़ून के छींटों से पाक नहीं
मगर हर पन्ने पर कहीं-न-कहीं
सीने से लगाए कोई विद्ध खग
खड़ा
कोई नाम, कोई विचार
मृत्यु-कथाओं बीच वही तो
जीवन की क्षीण धार

यह फूल
हर बार
प्रस्फुटन-पूर्व
बन जाता बीज
क़लम ढोती
वही बीज

उतरते ही क़लम में
बदल देना पड़ता चोला
बन जाना पड़ता तलाश
उसी बीज की
वर्ना
चबाते-चबाते उगलेगी क़लम
जैसे उगला जाता
कौर के बीच का कंकड़

[3.5.87]

क्रोध का सौन्दर्य

क्रोध का सौन्दर्य तो संरोध
क्रोध का सौन्दर्य दृढ़ संकल्प
क्रोध की सन्तान है निर्माण

क्रोध से विध्वंस
जैसे चूक हो जाए
मूर्ति गढ़ने में असुन्दर
भूल रह जाए।

उड्डयन के हेतु तत्पर यान
यान के अतिरिक्त क्या जन
जन्म, जैसे यान का तजना महीतल
मृत्यु में अज्ञात का बल
पूर्णता का बोध
क्रोध का सौन्दर्य तो संरोध

छोड़ विस्मय का जगत
अवतीर्ण चिन्तन के धरातल
जब मनुज होता,
आँच पर तपता—
क्रोध आशा दीप ले तब
मार्ग दिखलाता

परमाणु का विस्फोट
कितना मोदमय सपना
मृत्यु की मुट्ठी कसी जिस पर

स्वप्न के उद्धार को जागो
क्रोध से माँगो
कार्तिकेयी पुत्र कोई

व्यतिक्रमित गुण सूत्र सीढ़ी पर
स्वास्थ्य का वर दो
और उनको ढाल दो क्रम में
सोख लो धारा ज़हर की
जाग कर सोचो अनय का शोध
क्रोध का सौन्दर्य तो संरोध।

[20.7.87]

शायर

गया था कल
किसी शायर के घर
नंगे बदन पसरा था फ़र्श पर
हारा नहीं है अभी ज़माने से।
ख़ुशी हुई
न ग़म उसे
किसी के आने
जाने से।

[14.5.2002]

(एक दिन काशीनाथ पांडेय जी के घर जाना हुआ था। बिन्दास हस्ती। 'टुन-टुन, टुन-टुन, टुन-टुन टुन-टुन टुन-टुन टुन-टुन चला रिक्शा वाला, बढ़ा रिक्शा वाला, और अब ना पाँखी बोलेगा तो जीया नहीं जायगा। मौन फट जायगा तो सीया नहीं जायगा' या 'आगे रस्ता अकेले, अकेले का है' जैसी बोधक पंक्तियों के सर्जक थे काशीनाथ जी। गुमनामी के जंगल में खो गई उनकी पुस्तक 'उजाड़ का एक कवि'। नमन।)

दोस्त दिन

आज एक शब्द ने मुझे
दोस्त किया
आज-सा दिन सबको मिले
बहुत-बहुत मिले
रोज़-ब-रोज़ मिले

[11.9.2000]

जीवन

जो गुज़र जाने पर भी
लगे नहीं गुज़रा
जीवन बहे,
मगर लगे ठहरा।

[19.5.2002]

अकाल मृत्यु

एक दिन ऐसा हुआ
कि मैं मरा,
पत्तों ने कहा
—बुरा हुआ,
अभी उम्र ही क्या थी!
ठीक-से पीले भी तो नहीं पड़े थे
कि अचानक
छूट गई हाथ से डार!

[30.10.2001]

इश्क़

ख़ुदाख़ाना है,
नहीं इश्क़ का मज़ार,
रोइये मत,
सिज़्दा कीजिए।

[11.9.2000]

मेला

सुख-दुख की बातें
आसिन की, पूस की रातें
जीवन का खेला
रेलमपेल, ठेलम ठेला
लकदक से आँखें चुँधियायीं
कड़वे धुएँ से कड़कड़ायीं
अँसुआयीं
आज उठ गया
कल फिर लगेगा

गाँव-गाँव, शहर-शहर
घूमे है मेला

[9.4.1999]

पत्थर

मूर्ति देखी
उसका टूटना देखा
पत्थर का बनना देखा
उसका
भखड़ना देखा

[10.6.12]

बुत और बुततराश

ख़्वाब उतारे थे बुततराश ने पत्थर में
तुम ने जिसे तोड़ा व' कोई ग़ैर न था

[12.12.1995]

साफ़-साफ़

सब खोल कहो
क्यों डरते हो
मुर्दा पड़ना, इक दिन होगा
या इस हालत, या उस हालत।

या झम-झम पानी बरसेगा
चमकेंगी आँखें सूरज की
या बर्फ़ झरेंगे बादल से
सब साथ छोड़कर भागेंगे
सब खोल कहो...

सारे नक़्शे, सारे सपने,
लम्बे वादे, छोटी ख़ुशियाँ,
सब डाल छोड़, उड़ जाएँगे
तितली, पंछी और क्षण में,
सब खोल कहो...

वह कहता है अपने ढब से,
वह कहता है अपने सुर में
कुछ उसकी जय-जय करते हैं
कुछ उस को कहते वाह-वाह।

पर्दा है
गहरा मोटा है,
पर्दे के पीछे है जाना
पर साथ न कुछ जा पाता है

रोने वाले का रुदन नहीं
हँसने वालों की नहीं हँसी।
सब खोल कहो...

मिट्टी के नीचे सोया है
आया था जो घोड़ा चढ़कर
ऊपर कुछ फूल, सुगन्ध छड़ी
या किसी साँझ दो-चार दीप

जिसके मन में जो लगा ठीक
या जन्म साथ जो मिली सीख
गह लिये चरण उसने उसके
चल पड़ा पकड़कर सीख-लीक

धरती का जो संगठित रूप
टुकड़े-टुकड़े में गया टूट
कितने जत्थों,
कितने फ़िरके,
मूँछों वाले,
कलगी वाले।
सब खोल कहो...

[7.5.98]

फ़ुर्सत

वह ख़ुश हैं
उन्हें मरने की भी नहीं फ़ुर्सत
हमारे तो बिताये न बीतें दिन
काटे न कटें रातें।

[23.8.1999]

ईमान

क्या ख़ूब है ज़माना
आया तड़क-भड़क से
ईमान बिछ गया है
कालीन सुर्ख़ बनके

[12.10.1999]

पाँव

यहाँ पाँव रखो सँभाल के
होशियारी से ज़रा
यहाँ जूते नहीं
पाँव चुराये जाते हैं।

मौसम-बेमौसम

अभी-अभी बुलबुल चहकी थी
फूलों के टूटे थे बन्द
बेमौसम की बात कहाँ से
मौसम के दिल में आई

[5.3.1999]

एकरस

कोई ख़तरे में नहीं
—देश, आदमी और आदमीयत।
लोग पैदा होते, करते कुछ खेल-तमाशे,
कुछ करतब
करतब के फूटते कल्ले
—एक और करतब
फिर करतबों के करतब
और उनके करतब।
कुछ ख़तरे में नहीं
—देश, आदमी और आदमीयत।

जितनी हँसी है
उतना ही है रुदन
दोनों को धरो तराज़ू के दोनों पल्लों पर
किधर को भी नहीं झुकती डंडी
ज़रा नहीं रुकती ज़िन्दगी
चलती ही रहती
एकरस।

किधर है स्टेशन?
कहाँ है?
कब आएगा?
ज़रूरी है कि पी जाए एक कप चाय
नहीं समझे?
नहीं समझने में भी कोई मज़ा है।
आया होगा!

होंगे कहीं ईश्वर
खैनी चुनियाते
काँख में दबाए हरी और लाल झंडी

अफ़वाह उड़ी है
होगा विश्वयुद्ध
पटरी से उतरेगी गाड़ी
मारे जाएँगे सारे मुसाफ़िर

नहीं
कुछ ख़तरे में नहीं
—देश, आदमी और आदमीयत।
ज़िन्दगी ज़रा नहीं रुकती
चलती रहती थिरता से
एकरस

[7.6.2010]

साँझ

शाम का वक़्त
समय
धूप के बिछड़ने का
आओ,
कि सुनाएँ उसे
मिलकर एक गीत।

[5.3.1999]

अन्त में

नहीं कहा था सुबह-सबेरे
दिन बीता गुनते-गुनते
शाम सुहानी,
ढलता सूरज
सारी बातें बोल गया।

[3.3.1999]

शक्ति दा

कुछ लिखने नहीं
बातें करने बैठा हूँ आपसे
भाई शक्ति चट्टोपाध्याय जी!
भरे पूरे चेहरे पर
मोटे फ्रेम का चश्मा पहनने वाले
भाई शक्ति चट्टोपाध्याय जी।

आप मेरे चचाजाद भाई से वर्ष-भर छोटे
और मुझसे थे बड़े कुल दो वर्ष
फाड़ दिया थान
यानी बासठ गज़ नाप कर।

हम लोगों को मिलना था
क्योंकि हम लोग बनाए गए थे
एक दूसरे के लिए ही।
अजाने ही जुदा हो गए
बिना मिले, बिना बतियाए
एक दूसरे से।

कहते हैं लोग
कि दुनिया छोटी हो गई है
फिर भी लोग
जिन्हें होना चाहिए साथ
निहारते
एक दूसरे को
डूब जाना चाहिए मौन के निस्पन्द सागर में

बिला जाते
अपहिचान के धुएँ में।

ये कैसा चरित्र है दूरियों का
भाई शक्ति दा!
कि नाप में तो होतीं कम
पर, अस्ल में होतीं
माप से बहुत-बहुत ज़्यादा।

दूरियों का क्या?
तेज़ चलो तो घट जातीं
पस्त चाल में वही लम्बी हो जातीं
बहुत लम्बी।

किसके लिए छोटी हुई है दुनिया?
भाई शक्ति दा।
कौन देगा जवाब?
क्या रवीन्द्र भारती
जिसकी कोठरी में लगता
आप का चौपाल,
या, मेरे हमनाम—केदारनाथ सिंह
जिन्होंने सिली है आपकी हिन्दी फतूही।

हाँ भाई! दुनिया छोटी हुई है
चलने के मामले में
मिलने के मामले में नहीं।

काश!
बैठे रहते दोनों
घंटों
साथ-साथ
फिर मैं कहता
'तब आता हूँ दादा'

आप कहते
“वेश, आशुन,
भालो कोथा होलो,
अनेक भालो।”

शक्ति दा!
भाई!
आपके स्टेशन पर
हो गया है मेरी यात्रा का अवसान।
अब तो, बस जाना है यहीं
खोल कर चाय की दुकान
और,
लोगों को पिलाते हुए
अच्छी फ्लेवर वाली चाय
एक दिन उलट देना है
सॉस पैन।

[9.1.1999]

स्मृतियों का ताख़ा

बूढ़े हो चले कुछ लोग,
पिता के ख़ास दोस्त,
मिलते जब-तब।

देखकर मुझे
उनकी आँखों में जलते
यादों के चिराग़
जिनकी रोशनी में वे तलाशते एक चेहरा।
एक चेहरा,
वर्षों पूर्व जो
अनेक लोगों के साक्ष्य में
लपटों को समर्पित हुआ था
मेरे द्वारा।

जानते हैं
इसे वे सारे ज़ईफ़ जानते हैं
मगर, लाचारी आदमी की होती है
ज़िन्दगी अतीत को ढोती है।

वर्षों पूर्व,
बचपन में,
स्कूल से लौटते समय
बस्ते फेंक
जिन पेड़ों की छाँह तले हम खेला करते थे,
बीते वर्षों की आँधियाँ न झेल सके,

गिर कर सूख गए,
और कितनी शामें
घरों में चूल्हे जले
उनकी लकड़ियों की जलावन से।

मगर, वृक्ष गिरे नहीं हैं,
वृक्ष जले नहीं हैं,
वृक्ष आज भी
हमारी यादों में खड़े
पत्तों के हरे गीत गा रहे हैं

हम भूल नहीं सकते,
अतीत हमारे अन्दर
बर्फ़ की शिलाएँ बन धरा रहता
हमारी संवेदनाओं का ताप जब बढ़ता
अतीत कभी नदी बन हमारी आँखों से बहता
कभी झरने का संगीत बन हमारे कंठ में उतरता
मगर,
विदा तो लेनी ही पड़ती
एक लम्बी साँस खींच
या, एक आह भर।

हर शाम
गाँव के चौपाल में
लोग मानस की पोथी पढ़ते,
गाते,
अर्थ भी बताते
और फिर,
आरती उतार पोथी को
ताख़े में धर देते

इसी तरह,
ठीक इसी तरह

हम अतीत की पोथी पढ़ते
और सहेजकर
स्मृतियों के ताख़े में धर देते।

[12.2.83]

क्षमा-याचना

लिखा बहुत
पर एक बार भी नाम नहीं तेरा आया
इसका मतलब यह थोड़े है
हममें तुममें प्यार नहीं है।

सिमरिया-स्तवन

मम् ग्राम

(मुझे सिमरिया से प्यार है। कितना? कह नहीं सकता। कितना? प्यार क्या नापा जा सकता है—एक मीटर-दो मीटर...या तौला जा सकता है—पाव किलो, आधा किलो, सेर-भर या पसेरी-भर? प्रेम एकतरफ़ा ही भला। 'जो जिय होय प्रीति काहू के दुख सहिए सौ बार।' हाँ, इस कविता की पहली दो पंक्तियाँ ग़ालिबन, दस वर्षों तक मेरे भीतर गूँजती रहीं। फिर, 'मम् ग्राम' का रूप धर प्रकट हुईं और प्रकटी तो साथ 'सिमरिया-स्तवन' को भी लेती आयीं।)

गुडबाय एव्हीबडी, सबको सलाम,
धरती को, सूरज को, चाँद को प्रणाम।

आया, तब फूले थे सरसों के खेत,
निर्मल थीं गंगा औ' निर्मल थी रेत।
रूपका नगर था तब छोटा टीसन,
बाया का पानी था जैसे दर्पण।

भट्ठों में साही की झन-झन, झन-झन,
बाँसों के झुरमुट में पंछी का स्वन।
कोयल की कूकें थीं, दादुर का स्वर,
साँप-बीछ फिरते थे, लगता था डर।

आमों की बगियों से शोभित मम् ग्राम,
शंखों-घड़ियालों से गुंजित था ग्राम।

गाछी में बैठे मचानों प' लोग
जाड़ों की रातों में खेतों में लोग।
परतकाली गाते थे अल्लसबाह

झुंडों में गंगा नहाते संग-साथ
कान्धे प' 'रस्सी औ' पैना ले हाथ,
खुरपी, कुदाली हल-बैलों के साथ,
हलवाहे जाते थे जोते को खेत,
मेहनत की बूँदों से बोते थे खेत।

थोड़ी परीक्षा तो धरती भी लेती,
महिनत जो कीजे तो बदले में देती।

बालदेव बाँधे कमर से मिरदंग,
काँधे से पेटी लटकाये व्यास संग,
द्वार-द्वार करते थे होली गायन,
चैती की धुन से अनुगुंजित आँगन।

रामकिसुन गढ़ते थे खुरपी कुदाल,
धौंकनी से धौंक-धौंक लह-लह अंगार
लह-लह अंगार बीच फाल को डाल,
अंगारों जैसा ही करते थे लाल।
लाल-लाल फाल को अहरन पर डाल,
पीट-पीट उसको बनाते नोंकदार।

रामकिसुन कारीगर ख़ूब होशियार।

कुँवरों में दरबारी होते थे मेठ,
दोरिक महावीर कुँवरों में श्रेष्ठ।
मिट्टी का घर था पर, दो मंज़िलवाला,
दरबारी बाबा का ख़ूब बोल-बाला।
ऊपर इक कमरे में इस ही घर के,
रोये थे बाबू जी फूट-फफक के।
उस ही दिन राजगुरु, भगत, सुखदेव
ली थी शहादत अति दुःखित था देश।

पूर्वी सिमाने पर ऊँचे पर घर
बाबू श्री राम सिंह का वह था ठहर।

गाँव के असेसर थे बाबू श्रीराम
सब कोय श्रद्धा से करते प्रणाम।
राम के आनन्द और परम आनन्द,
सुत थे दो बाबू श्री राम के अनन्य।

कहते जिसे हैं अब पछियारी टोल,
गोढ़ियारी टोल उसे कहते तब लोग।
मिलकी से सटकर ही गोढ़ियारी टोल,
हँसते-मुसकाते सब, मीठे थे बोल।
बड़ा बाबू डाक-घर बरौनी में थे,
'हितनरायन' शर्मा जी पढ़ते रहते।
उनके सुपुत्तर थे शिव के कुमार,
पचहत्तर पार कर थे सायकिल सवार।

शंकर श्री राय जी थे रवि के पिता,
मनरूप देवी थीं रवि की भार्या।
दोनों के तीन हुए बालक रतन
सत्तो जी, रामधारी, बाबू बसंत।
कुइँया के पास बना खपड़पोश घर,
कैसा महल और कैसा शहर!

गलियाँ थीं कच्ची, फिसलते थे पाँव,
रोता था छप्पर, ठिठुरता था गाँव।
गुर्बत बीमारी को सहते थे लोग,
'ईश्वर की माया सब' कहते थे लोग।

भ्रातृज थे रामधन चा', रवि राय के,
बाबा के निधन बाद मुखिया बने।
अनुजों के हेतु बने बरगद घना,
शिक्षा की महिमा को उनसे कहा।
गँथ गयी बात रामधारी-मन में
चित्त दे प्रारम्भ किया पढ़ना उनने।

सिमरिया-स्तवन

हे ग्राम सिमरिया रम्य-रम्य
तेरी गोदी पा हुआ धन्य।
द्रुम-लता रम्य,
तरु विटप रम्य,
हे ग्राम सिमरिया रम्य-रम्य

जब डिभियाते हैं बीज खेत
माँ धरती लिखतीं हरित काव्य
पीले कनेर, शिव-पुष्प धवल
अकवन के गुच्छेदार फूल
घुँघरू जैसे।

घूरे पर है जो हरा-भरा
कंटक आच्छादित हस्त लिये
हम उसे "सीज" कहते आये
कुछ नागफेनि उसको कहते।
सुकुमार पीत पुष्पों से भर
वह शृंगारित होता है, तब
दर्शक हो जायें क्यों न मग्न
हे ग्राम सिमरिया रम्य-रम्य।

हलपुरुष धन्य, गिरहस्त धन्य
मज़दूर धन्य, विद्वान धन्य
तेरा कण-कण हे ग्राम धन्य
हे ग्राम सिमरिया रम्य-रम्य।

तरु के सब घर जब बने खेत
अम्बर थोड़ा ग़मगीन हुआ
लेकिन धरती ने दिया उसे
लहराता हरा-भरा सागर,

पक कर धानी जब खेत हुए
बालियाँ चूड़ियाँ बजा-बजा
कर दीं अम्बर को मन्त्र-मुग्ध
वह अति हर्षित।

पश्चिम में बाया मन्द धार
दक्षिण में गंगा का प्रवाह
पूरब में फ़सलों की बहार
उत्तर दिसि खेतों का प्रसार।

है एक खेत में मिर्च खड़ी
फल लाल हरित से लदी-फदी
दूजे में कुसुम सुहाता है
केसरिया फूलों से सज्जित।

बह चली हवा जो तनिक-सनिक
हाथों को सभी हिलाते हैं
मानों कहते हों देख इधर
पगले क्या भटका फिरता है?

पुष्पित सरसों से भरे खेत,
मेड़ों पर अलसी के पौधे,
नीले फूलों से भरे-सजे
फ़ौजी के जैसे पंक्तिबद्ध
लम्बे क़द के एरण्ड खड़े।

हो जहाँ कहीं भी एक वृक्ष
हो जहाँ कहीं भी एक नदी
नदियों के बीच जहाँ भी हो

छोटी नन्हीं प्यारी धरती
लोगों की आवाजाही हो
नावें खेकर, राशन लेकर।

ये 'नाज' उगाने वाले हैं
हम सबके बीच फ़रिश्तों से
ये कर्म-पुरुष
ये शौर्य-पुरुष
योद्धा ये जीवन के रण के।
शत बार नमन, शत बार नमन
हे ग्राम सिमरिया, रम्य-रम्य।

वन-तुलसी कहीं विदेश गयी,
टिटभाँट-चिड़चिड़ी कहाँ छुपे?
अब सागवान बस सागवान
पैसा फलता इस सागवान
तिस पर भी मेरे लिए वन्द्य
हे ग्राम सिमरिया, रम्य-रम्य।

हम हुए ज्ञान-सम्पन्न बहुत
विज्ञान हमारा उन्नत है
पर रोज़ लुप्त हो जाती है
प्रिय लगने वाली एक जाति
जैसे फुदकी
जैसे बगुला
पर मैं वैसे ही हरा-भरा
तू भी वैसे सरसब्ज़ रहा।
तू मुझ में है
मैं तुझ में हूँ
तू रम्य-रम्य
मैं धन्य-धन्य।
हे ग्राम सिमरिया रम्य-रम्य।

तू मथुरा है, तू काशी है

तू काबा है, तू जगन्नाथ
वृन्दावन, अवधपुरी है तू
रामेश्वर है द्वारिका धाम।
बदरी, गंगोत्री, यमुनोत्री
कैलास, मान भी तू ही है
तू शीशमहल
तू ताजमहल
तुझमें ख़्वाज़ा
तुझमें ख़ुसरो
तू लाल क़िला दिल्लीवाला।

कृष्णा है तू कावेरी भी
तू ब्रह्मपुत्र है महानदी
तू सतलुज, रावी, झेलम है
तू ही चनाब, तू व्यास बना
औ' बना नर्मदा, शोणभद्र
तू ही तिस्ता, तू ही लोहित
गंगा की बहन बना पद्मा।
तू दुर्गम हैं, तू सहज गम्य
हे ग्राम सिमरिया रम्य-रम्य।

है जहाँ वास सुन्दरता का
है जहाँ सत्य, शिव-वास जहाँ
वह भूमि तुम्हारे ख़ुद की है
चाहे मन की
चाहे तन की

तू ही कुरान, तू ही गीता
ज़ेन्दा, बायबुल, गुरुग्रन्थ तुम्हीं
तू ताओ है, तू महाबुद्ध
तू महावीर, तू पार्श्वनाथ

तू तक्षशिला, नालन्दा है
श्रावस्ती है, वैशाली भी

तेरी धरती पर मीनाक्षी
कन्याकुमारिका हस्तमाल।

मिर्ज़ा हों या हों मीर तक़ी
हों वल्लतोल या मेघाणी
बोपन्ना या पोतन्ना हों
या हों कबीर, मीरा, तुलसी।

रैदास धर्म की बात करें
या बाल कृष्ण की छवि गायें
या सूरदास या नन्ददास
गायें मलूक या धरमदास
है ओत प्रोत सम्पूर्ण सृष्टि
यह महारास की रसोवृष्टि
तू आप्लावित
मैं आप्लावित।

कुछ दिया किताबों ने भी
हाँ यह सच है
मन–मन्दिर में जो देव खड़े
वह मूरत तुमने ही दी है।

सारी भाषाएँ तुझमें हैं
तुझमें कर्षित सारे प्रदेश
जैसे त्रैगुण
सारा प्रपंच
आते या जाते रहते हैं
जो सोया है निर्लिप्त–भाव
पर सतत जागता रहता है
उस दिव्य–पुरुष के होने में।

तुझमें है कथा हड़प्पा की
यूनानी चिन्तन तुझे ज्ञात
सर कटा सूफ़ियों ने गाये

वेदान्त-गीत
जंगल वाले
तेरे वाले।

जब होना अनहोने में था
या फूटा था पहला प्रभात
तब भी तू था
तब भी मैं था
तू अन्तहीन
तू सींवहीन।

हूँ छन्द अनुष्टुप् मैं तेरा
गायत्री हूँ मन्दाक्रान्ता
मुझ में बजते हैं शब्द तिरे
तू वाल्मीकि-तुलसी मेरे।

जब भी आता है एक प्राण
उपहार एक तरु का देता
तू एक हिमालय गढ़ता है
गंगा-यमुना से उसे सजा
प्राणों में गीत जगाता है
मिट्टी को सरस बनाता है।

तट पर बसते कुछ ग्राम नगर
मन्दिर मस्जिद कुछ पुण्य-धाम
घंटी-घंटा-घड़ियाल कहीं
है कहीं गूँज पड़ती अज़ान।

कुछ वट को सूत्र लपेटे हैं
कुछ शाखों पर कंदील टँगे

कुछ क़ब्रों पर लोबान-धूम
कुछ पत्थर पर रोली चन्दन
हर जगह कामना यही

कि बच्चे स्वस्थ रहें, निःरोग रहें।
सौभाग्य सदा छाया देवे
सिन्दूर सदा सीमन्त रहे।

तेरी सुन्दरता कौन कथे
जो सके बाँच उसका जीवन
हो जाय धन्य,
हो जाय धन्य
हे ग्राम सिमरिया रम्य-रम्य
तेरी गोदी पा हुआ धन्य।

परिपक्व जीवन-अनुभवों और भाषा की गहरी समझ के साथ लिखी गई ये कविताएँ लोकजीवन की आत्मीय छवियों और सामाजिक सरोकारों से उपजी ज़िम्मेदार दृष्टि की परिचायक हैं।

केदार जानते हैं कि 'एक पूरी ज़िन्दगी लिखना नहीं ठट्ठा-हँसी है / खीर है टेढ़ी'—ये कविताएँ ज़िन्दगी को लिखने के इसी कठिन उद्यम से निर्मित हुई हैं। इन कविताओं का कवि किसी धारा से बाँधा हुआ नहीं है। अनुभूति की प्रामाणिकता और परिवेश की पुनर्रचना केदार के काव्यात्म को एक सघन आयाम देते हैं। बचपन से लेकर जीवन के विभिन्न चरणों के विशिष्ट अनुभव इन कविताओं में उतरे हैं तो बतौर मनुष्य स्वयं से साक्षात्कार से लेकर समाज की स्थूल परिधियों और वहाँ मौजूद विसंगतियों तक उनकी दृष्टि जाती है।

'सर्कस', 'होमवर्क' और 'कक्षा' जैसी पारदर्शी कविताएँ जो बचपन का उत्सव मनाती हुईं हमें अपने सहज छन्द-प्रवाह से निर्भार करती हैं तो 'नसीहत' और 'चिट्ठीरसैन' जैसी कविताएँ हमें सोच के एक भिन्न और गम्भीर स्तर पर ले जाती हैं।

'एक-एक शब्द की / चुकानी पड़ती क़ीमत / बहुत जलता लहू / हाथ, उस दिन ख़ाली हो जाता / शब्दों में जिस दिन कुछ / उतरता'—कहने वाले केदार अभिव्यक्ति का दायित्व भी जानते हैं और मूल्य भी।

राधाकृष्ण पेपरबैक्स

e-BOOK उपलब्ध

आवरण परिकल्पना : राधाकृष्ण स्टूडियो

कविता

₹199

9788119092451

www.radhakrishnaprakashan.com

केदार

आवरण चित्र : हेनरी मातिस

राबिया का ख़त

मेधा